沈旻 斐鸿
——著

打卡苏州

把苏州带回家

visit
Suzhou

东南大学出版社
SOUTHEAST UNIVERSITY PRESS

·南京·

图书在版编目（CIP）数据

打卡苏州 / 沈旻, 斐鸿著 . -- 南京 : 东南大学出
版社 , 2025. 6. -- ISBN 978-7-5766-2190-7

Ⅰ . K928.953.3

中国国家版本馆 CIP 数据核字第 2025Z3G700 号

打卡苏州　把苏州带回家

Daka Suzhou　Ba Suzhou Daihuijia

著　　者	沈旻　斐鸿
出版发行	东南大学出版社
出 版 人	白云飞
责任编辑	周　菊
责任校对	子雪莲
封面设计	有品堂 _ 刘俊
责任印制	周荣虎
社　　址	南京市四牌楼 2 号　邮编：210096
网　　址	http://www.seupress.com
经　　销	全国各地新华书店
印　　刷	南京迅驰彩色印刷有限公司
开　　本	889 mm × 1194 mm　1/32
印　　张	5.25
字　　数	176 千
版　　次	2025 年 6 月第 1 版
印　　次	2025 年 6 月第 1 次印刷
书　　号	ISBN 978-7-5766-2190-7
定　　价	48.00 元

本社图书若有印装质量问题，请直接与营销部调换。电话（传真）：025-83791830

网师园夜园昆曲表演

苏州金鸡湖李公堤湖心亭远眺东方之门

苏州

简称"苏",古称"姑苏""吴",是吴文化的发祥地,拥有 2500 余年建城史,被誉为"人间天堂"。作为中国首批历史文化名城,苏州以古典园林、水乡古镇闻名于世,拙政园、留园等 9 座园林被列入《世界遗产名录》;周庄、同里等古镇小桥流水、白墙黛瓦,尽显江南风韵。明清时期,苏州为全国文化重镇,涌现了唐伯虎、文徵明等文人雅士,昆曲、评弹、苏绣等非遗文化至今璀璨生辉。

苏州坐拥太湖烟波与京杭大运河胜景,有"吴中第一名胜"之称的虎丘山奇石耸立,寒山寺钟声千年回荡。如今的苏州,既保留了古典的韵味,又充满现代活力。无论是探访历史遗迹,还是感受自然风光,苏州都能带给您难忘的旅行体验。春秋季旅游尤佳,别忘记提前预约热门景区门票,享受这座"东方威尼斯"的独特魅力!

目 录

古典名园 ▶

老街古镇 ▶

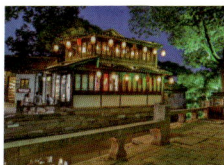

姑苏名景 ▶

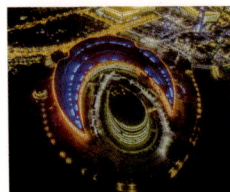

太湖经典 ▶

县市精华 ▶

美食特产 ▶

苏州园林

　　苏州素有"园林之城"的美誉。苏州园林在建筑领域独树一帜，堪称古典园林建筑的典范。苏州园林源自春秋时期，又称"苏州古典园林"，以私家园林为主。苏州境内私家园林始建于公元前6世纪，至清末时，城内外有园林170多处，现在保存完整的有80多处。其中，沧浪亭、狮子林、拙政园、留园并称"苏州四大园林"，分别代表着宋、元、明、清四个朝代的艺术风格，又被称为"苏州四大名园"。

古典
名园

晨雾中的拙政园长廊

拙政园

位于娄门内的东北街，始建于明正德四年（1509）。园名取自《闲居赋》中"拙者之为政"的典故，由明代御史王献臣弃官回乡后所建。历经数百年沧桑，现存规模多为晚清时期形成。全园占地 4.6 公顷，以水景为核心，分为东、中、西三部分。其布局疏密有致，体现了"咫尺山林"的造园智慧。

中部为全园精华所在，以开阔水域串联远香堂、小飞虹、香洲等建筑，借景北寺塔，延展空间意境；东部"归田园居"区域以平冈草地为主，展现疏朗野趣；西部"补园"以卅六鸳鸯馆为中心，建筑精美，曲廊蜿蜒。园内运用借景、框景等手法，将亭台楼阁、假山池沼、古木花径巧妙结合，营造出"移步换景"的诗画境界。1997 年，拙政园因精妙的造园艺术成为研究中国古代造园艺术的重要范本，并被誉为"天下园林之母"，至今仍吸引着无数游人前来探寻其隐逸文雅之美。

拙政园全貌俯瞰

荷风四面亭

香洲

小飞虹

玲珑馆

卅六鸳鸯馆

与谁同坐轩

透过倒影楼花窗望临水长廊与宜两亭

笠亭

打卡处

留园

坐落在阊门外，始建于明万历二十一年（1593），以精湛的建筑艺术和空间布局著称。原为明代徐泰时的私家园林"东园"，清嘉庆三年（1798）归刘恕所有，改称"寒碧山庄"，俗称"刘园"；清末盛康购得后，取"长留天地间"之意，更名"留园"。全园占地约2.0公顷，分中、东、西、北四区，集山水、田园、庭院于一体，巧妙融合山林意趣，浓缩江南园林精华。

中部以水景为核心，假山环池，古木参天，涵碧山房、明瑟楼临水而建，展现"不出城郭而获山林"之趣；东部以建筑群取胜，冠云峰、楠木殿（五峰仙馆）、林泉耆硕之馆等厅堂轩敞，雕饰华美，尤以冠云峰最为瞩目，为宋代"花石纲"遗物，高6.5米，玲珑剔透，堪称江南园林第一奇石；西部展现山林野趣，土石相间的假山与枫林相映成趣；北部营造田园风光，竹篱茅舍，质朴自然。园内曲廊蜿蜒700余米，串联各景，以"移步换景""虚实相生"手法，将有限空间幻化出无限意境。留园因其巧妙的时空营造与深厚的文化意蕴，被誉为"吴中名园之冠"。

留园俯瞰图

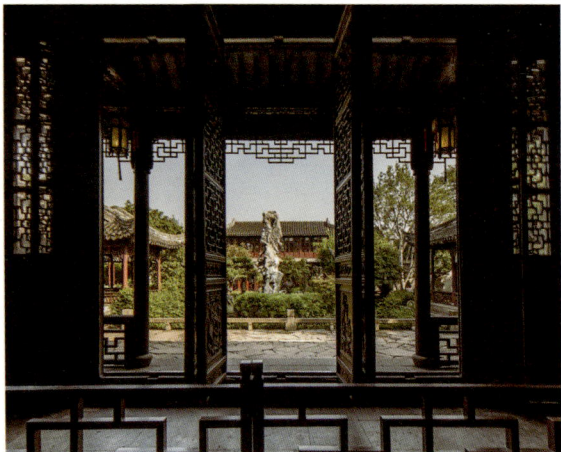
冠云峰

涵碧山房与明瑟楼

五峰仙馆

打卡处

沧浪亭

位于城南三元坊，始建于北宋庆历年间（1041—1048），为苏州现存历史最悠久的古典园林。为诗人苏舜钦所建，以"沧浪濯缨"之典故取名，寄寓"退隐江湖"之志。历经元、明、清多次重修，现存格局以清代重建为基础，占地约1.4公顷，以"未入园林先成景"的开放式布局与"山水相映"的独特造境闻名。

全园以"沧浪亭"为核心，打破传统园林封闭围墙，巧妙通过复廊、漏窗等元素，借景园外葑溪之水，串联内外空间。外景以水为脉，沿河设复廊，廊间嵌108式花窗，透景隔而不绝；内园以山为主，土石相间的假山堆叠，古木森然，沧浪亭翼然立于山顶，登亭可览园内竹影摇曳与园外水波潋滟之景。园内建筑依山就势，看山楼、翠玲珑、明道堂等错落其间，疏朗古朴，尤以"翠玲珑"竹轩最显清幽，取"日光穿竹翠玲珑"的诗意，与千竿修竹共构雅境。五百名贤祠内嵌有碑刻594方，镌刻苏州历代名贤画像，人文气息厚重。沧浪亭清幽古朴，适意自然，如清水芙蓉，洗尽铅华，无一丝脂粉气息。

沧浪亭观鱼处

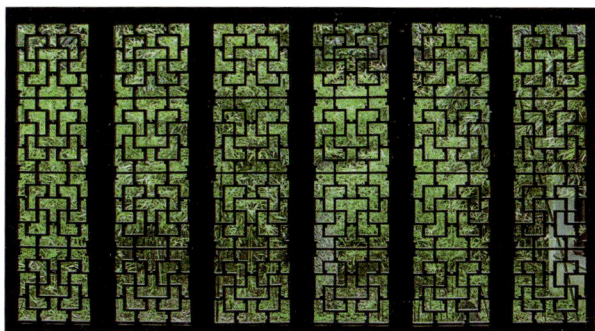

沧浪亭花窗

打卡处

狮子林

位于城中潘儒巷内，东靠园林路，始建于 1342 年，以"假山王国"闻名于世。其名源于佛经中"狮子座"的说法，亦因园内太湖石峰形似狮子而得名。元代高僧天如禅师为纪念其师中峰和尚而建寺造园，后几经易主。明清时期经贝氏、黄氏等家族先后修缮此园，使其融禅意与文人雅趣于一体。全园占地约 1.1 公顷，以假山为主景，建筑错落点缀其间，形成"咫尺山林，禅机暗藏"的独特风格。

园内核心为湖石假山群，以太湖石堆叠成迂回幽深的洞壑迷宫，分东、西两部分，暗合"佛门须弥"的意境。山间小径盘旋，洞窟相连，有"桃源十八景"之趣，穿行其间，如入禅境谜题。主体建筑燕誉堂为鸳鸯厅式结构，雕花精美；问梅阁、指柏轩等依山傍水，其题名皆含禅宗公案典故。西部水景区以真趣亭为中心，游人凭栏可赏池中倒影与石峰相映成趣的美景。园中廊壁嵌有《听雨楼帖》等碑刻，文气盎然。

狮子林假山为中国古典园林"叠山技艺"之巅峰之作，以"瘦、皱、漏、透"之石态，营造出"峰回路转"的空间哲思，更因元代画家倪瓒的《狮子林图》与贝聿铭家族的渊源而声名远播。狮子林主题明确，景深丰富，个性鲜明，假山洞壑匠心独运，一草一木别具神韵。其"石林禅韵"与"咫尺乾坤"的造园智慧，至今仍为探访者展现着"城市山林"的东方美学典范。

狮子林假石山群

湖心亭

俯瞰狮子林全景

花窗

假石跌水

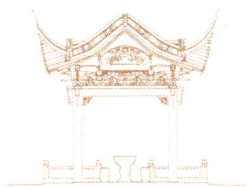

打卡处

雨夜玉兰

山丛桂轩花窗

月到风来亭

网师园

位于城东南十全街，原为南宋史正志的万卷堂故址，其名源自"渔隐"典故，寓意园主归隐江湖之志。清代宋宗元购园后改现名，后经瞿远村等修缮，形成今日"宅园合一"的精妙布局。全园占地仅 0.6 公顷，以"一池碧水"为核心，分东部宅第、中部主园与西部内园，以"咫尺之内再造乾坤"的巧思闻名。

中部主园以彩霞池为中心，环水筑亭台廊榭：月到风来亭凌波而立，凭栏可赏四时风月；竹外一枝轩掩映于花木间，框景如画；濯缨水阁临水而建，借"沧浪濯缨"之典呼应园名中的隐逸主题。东部宅第"清能早达"厅堂规整，砖雕门楼被誉为"江南第一"，雕刻细腻入微；西部殿春簃为书斋庭院，以芍药名世，布局疏朗。园内巧用对比手法，如狭长引静桥与开阔水池相映成趣，以"虚中有实"拓展空间意趣。

网师园以"精雅隐逸"为魂，浓缩诗画、哲学与生活美学，为苏州古典园林中"以少胜多"的典范，被誉为"小园极则"。其夜游项目更以昆曲、评弹活化园林意境，令"园境即诗境"的东方智慧辉映古今。

夜游网师园

小山丛桂轩

看松读画轩

殿春簃

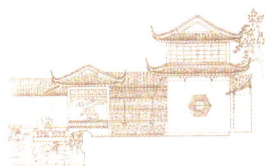

打卡处

环秀山庄

位于城中景德路，始建于清乾隆年间（1736—1796），原为五代吴越钱氏金谷园旧址，后经多次改建，现存园林为清代叠山大师戈裕良杰作，以"湖石假山冠江南"闻名，被誉为"中国古典园林叠山艺术巅峰"。全园占地仅约0.2公顷，且无外景可借，却以"咫尺山林"的极致布局，移天缩地，叠石造山，融山水、建筑、诗画于一体，展现了"小中见大"的东方造园智慧。

园景以山为主，池水辅之，建筑不多。园小却有气势。园内核心为戈裕良所筑湖石假山，占地不过半亩，主峰突兀于东南，次峰拱揖于西北，池水缭绕，绿树掩映。山有危径、洞穴、幽谷、石崖、飞梁、绝壁，境界多变，一如天然。主峰高7.2米，洞谷长12米，山径绵延60余米，盘旋上下。戈氏叠山运用"大斧劈法"，简练遒劲，错落有致，浑若天成，有"独步江南"之誉。

湖石假山据载为清代叠山大师戈裕良之杰作

环秀山庄四面厅

耦园

位于仓街小新桥巷，始建于清雍正年间（1723—1735），原名"涉园"，咸丰年间（1851—1861）毁于兵燹。同治十三年（1874），按察使沈秉成重修扩建，形成一宅两园的现存格局，并取《论语》"耦耕"之典更名"耦园"，兼寓夫妻偕隐、佳偶天成之意。该园为苏州唯一以"爱情"为主题的古典园林。

全园占地约 0.8 公顷，以"东西双园、枕水而居"的独特布局著称。全园以"一宅两院"为骨架，中部宅邸以"走马楼"串联，东、西花园隔楼相望。东花园以黄石假山为胜，山体雄浑峭拔，出自叠山名家之手。主厅"城曲草堂"与"双照楼"互为对景，登楼可瞰全园风貌；山下"受月池"清波映山，宛如图画。西花园以湖石假山与书斋"织帘老屋"为核心，玲珑水阁"山水间"临池而立，匾额题咏点景抒怀。园内"听橹楼""吾爱亭"等建筑命名皆含沈氏夫妇琴瑟和鸣之趣，楹联"耦园住佳耦，城曲筑诗城"更道尽隐逸雅意。

耦园巧借内外城河之水，以"宅园双栖""动静相宜"的布局，"双园映照"的空间叙事、"以爱为脉"的人文气韵，与评弹悠扬之声共构江南诗意，堪称苏州园林中至情至性的诗意篇章。

俯瞰留云岫与宛虹杠

耦园一直被苏州人誉为"爱情之园"

魁星阁花窗

艺圃

位于阊门内天库前文衙弄，始建于明代，曾名"醉颖堂""药圃""敬亭山房"，清初改称为"艺圃"，取"艺菊寄志"之意，寄寓文人隐逸气节。园内景致宜人，风格质朴，以"简远疏朗、明代遗韵"著称。

艺圃的总面积约 0.33 公顷，以中央水池为核心，布局疏阔。池水东南及西南两角各设有水口，其上各架有一座形制不同的石板桥。池北"博雅堂"为主厅，堂前平台临水，视野开阔；池南堆叠湖石假山，山巅"朝爽亭"可俯瞰全园；池东"乳鱼亭"为明代遗构，木构彩绘精美，与曲桥、水榭构成恬静画意。东部庭院以"世纶堂""东莱草堂"串联，花木掩映，书斋"香草居"隐于竹林，彰显文人雅趣；西南角"响月廊"蜿蜒，廊外土石假山与古木成林，野趣盎然。园西"念祖堂"为姜氏祭祀之所，朴拙中见风骨。

艺圃以"一池三山"传统为基，融山水、建筑、植物于疏淡格局，借"虚实相生"手法延展空间。夜雨秋池、晨光曲径间，仍可窥见四百年前"城市山林"的清寂与孤傲。

延光阁

乳鱼亭彩绘

园中玉兰

乳鱼亭、朝爽亭与假石山群

东莱草堂

退思园

位于吴江同里镇，始建于清末，由落职官员任兰生耗银十万两建造。园名取《左传》"退思补过"之意，寓有"退则思过"之意。

全园简朴淡雅，水面过半，建筑皆紧贴水面修筑，园如浮于水上，是中国唯一一处贴水园，体现了晚清江南园林建筑的风格。

全园占地仅约0.65公顷，以"贴水而筑、横向布局"独树一帜。全园一改传统的纵向结构，采用罕见的横向延展结构，宅第、庭院、花园三部分自西向东依次展开。花园为全园核心，以"退思草堂"为中心，池水贯通全园，亭台廊舫皆紧贴水面而筑，形成独特的"水园"意境。池北"水香榭"凌波而立，池南"眠云亭"傍山而筑，假山藤蔓垂池，倒影如画；池西"闹红一舸"为旱船石舫，半浸碧波，似舟行水上；池东"菰雨生凉"轩临水开窗，借荷风竹影营造清凉意境。园中廊壁嵌有"清风明月不须一钱买"碑刻，点明了文人淡泊情怀。全园格局紧凑自然，结合植物点缀，呈现出四时景色，给人以清朗、幽静之感。

退思园以"因地制宜、藏露相济"的手法，将诗画意境与江南水乡地理融合，堪称晚清园林艺术缩影。夜游时，灯影摇曳，更显"船在碧波漂，人在镜中游"的朦胧之美，成为解读中国古代士大夫"出世入世"哲学的空间范本。

退思园夜曲

退思草堂

闹红一舸

苏州不仅以古典园林著称，还以江南水乡闻名。老街古镇、古韵犹存。它们以其深厚的历史文化底蕴、清丽婉约的水乡古镇风貌、古朴的吴侬软语民俗风情、"小桥、流水、人家"的规划格局和"粉墙、黛瓦、马头墙"的建筑艺术，在世界古镇风貌中独树一帜，形成了人与自然和谐共生的景象，是中国江南水乡风貌的代表符号。深厚的历史文化底蕴与高速发展的经济相得益彰，古韵与现代融合，古镇、老街、古村在现代灯火中彰显古韵之美！

老街古镇

山塘街历史文化街区

平江历史街区

位于古城东北隅，是苏州迄今保存最完整、规模最大的历史街区，堪称苏州古城的缩影。平江历史街区基本延续了唐宋以来的城坊格局，保持着"水陆并行、河街相邻"的双棋盘格局，以及"小桥流水、粉墙黛瓦"的独特风貌，并积淀了极为丰富的历史遗存和人文景观，被誉为"古城缩影"。街巷依平江河延展，全长约 1.6 千米。

街区以平江路为主轴，青石板路沿河蜿蜒，两侧胡厢使巷、丁香巷等支巷纵横如网，存留 60 余处明清古建。河上架设思婆桥、雪糕桥等 10 余座古桥，其中雪糕桥因"张孝子担雪孝母"的传说得名，桥联题刻"风物千年留雅韵，水波一脉载吴风"。沿河粉墙黛瓦的民居、耦园、全晋会馆（中国昆曲博物馆）等错落分布。

平江街区以"活态传承"为特色，非遗工坊、茶肆书场与文创空间相互交织，苏绣、缂丝、昆曲等文化遗产在此生生不息。2002 年，平江街区启动保护修缮工程，遵循"修旧如旧"原则，留存"君到姑苏见，人家尽枕河"的唐宋遗韵。2015 年，该街区获"亚太文化遗产保护荣誉奖"。其以"一河一街"串联 2500 年姑苏文脉，堪称"没有围墙的江南文化博物馆"。

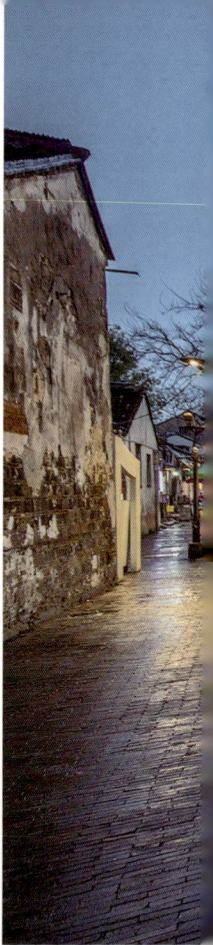

夕阳下的七里山塘街

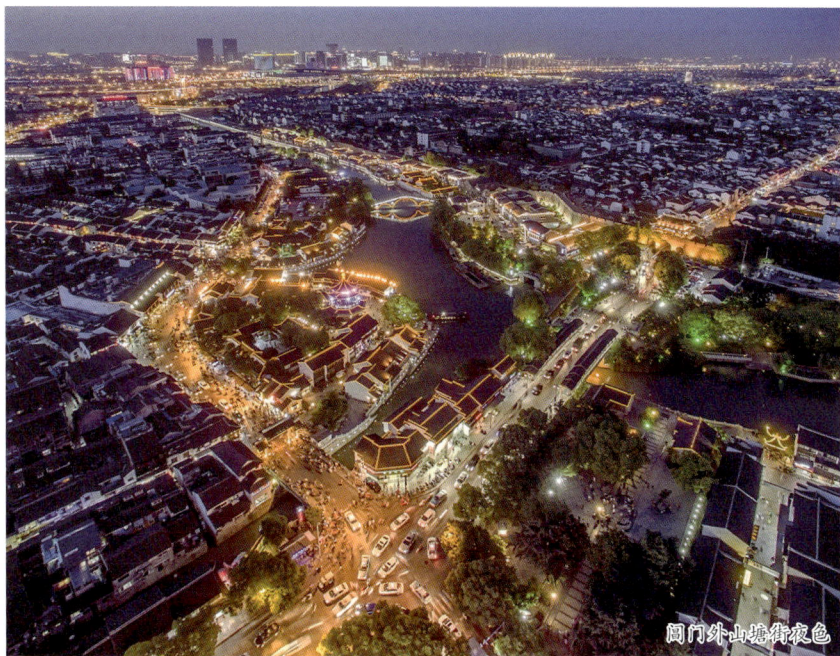
阊门外山塘街夜色

山塘街历史街区

位于古城西北，全长 3600 米，至今已有约 1200 年的历史。因时任苏州刺史白居易主持疏浚河道、筑堤成街，街长七里，故俗称"七里山塘"，它曾是连接阊门与虎丘的繁华水陆要道。街区沿山塘河延展，完整保留"水巷相依、街桥纵横"的唐代格局，现存明清古建筑群、会馆牌坊密布。

街区以其独特的自然风光和人文景观闻名于世，被誉为"姑苏第一名街"。这条古老的街道上，山水、名胜、寺院、祠宇、塔院、坊表、义局、会馆、宅第、桥梁等等有案可查的古迹就有两三百处。山塘古塔、山塘书院等处较有代表性。作为京杭大运河支流，它以"一条河读懂苏州"，承载着千年漕运史、商贸史与市井文化，堪称"吴文化活态长廊"。

夜游山塘最具韵味，灯影桨声中评弹婉转，再现"画船箫鼓载吴娃"的诗意。街区融合非遗体验与民俗文化，苏扇、核雕等工坊与昆曲茶馆活化历史肌理。

阊门码头与朝宗阁

山塘街夜色

打卡处

玄妙观三清殿

观前街历史街区

位于古城中心，因地处千年道教宫观玄妙观前而得名，成街于南宋，繁盛于明清，是苏州历史最悠久的商业文化地标之一。街区以全长约780米的观前主街为轴，呈"鱼骨状"辐射太监弄、宫巷等支巷，延续"前观后市"传统格局。

玄妙观是观前街的核心景观，其历史可追溯到1700多年前的西晋时期，被誉为"江南第一古观"。现存三清殿为南宋遗构，重檐歇山顶气势恢宏，殿内老子碑刻与吴道子壁画彰显道教艺术精粹。主要建筑还有弥罗阁及20余座配殿，康熙皇帝亲赐"元妙观"匾额（因避康熙名讳，"玄"改"元"，）悬于山门。

街区东西走向，是一条充满魅力的古老商业步行街。建筑多粉墙黛瓦，马头墙与霓虹店招交织，传统苏式民居与民国西洋风商铺并存，见证商业变迁。街区汇聚采芝斋、黄天源、陆稿荐等百年老字号，苏式糕点、丝绸茶肆、评弹书场鳞次栉比，承载"姑苏第一繁华地"的市井记忆。每逢元宵灯会、玄妙庙市，非遗展演与民俗活动焕发千年烟火气，成为解读苏州"崇文融商"城市特质的活态窗口。

玄妙观山门

观前街商业步行街夜色（一）

观前街商业步行街夜色（二）

蔀门横街

位于姑苏区蔀门外，形成于明清时期，是苏州现存最长的临河古街，全长近千米，以"原生态市井风情"著称，被誉为"苏式生活活态博物馆"。街区延续"水陆并行、前街后河"的传统格局，石板街道宽仅三米余，两侧木构店铺鳞次栉比，多为清末民初遗存，保留江南水乡商住一体的建筑风貌。

横街自古为蔀门水陆枢纽，因交通便利而农贸繁盛，至今仍以"清晨市集"闻名。沿街豆腐坊、糕团店、水产摊林立，春卖枇杷、杨梅，秋售鸡头米、菱角，市声熙攘中尽显姑苏烟火气。河畔"安利桥"为明代单孔石拱桥，桥联"东西南北舟通四海，吴越江淮货集三吴"道尽昔日商贸盛景；老字号"朱鸿兴""杜三珍"等穿插其间，苏式卤味、青团子、油氽团子等传统小吃香气绵延百年。

近年虽经局部修缮，仍以"修旧如旧"原则留存斑驳砖木结构与市井肌理，未过度商业化。居民临河浣衣、茶肆闲话的场景，与摇橹船划过蔀门塘的涟漪，共同编织成"最苏州"的日常画卷，成为触摸江南庶民文化的鲜活地标。

俯瞰街区全景

桃花坞唐寅故居

桃花坞大街

位于市中心，是苏州古城历史最为悠久的街区之一。其得名可追溯至唐宋，盛于明清，以"吴门画派"发祥地与唐寅（唐伯虎）故居所在地闻名，自古为文人雅士云集之地，承载着"桃花坞里桃花庵"的诗意与市井烟火交织的独特气质。

街区以"国家级非物质文化遗产"桃花坞木版年画为灵魂，至今仍有传习工坊延续这一技艺。主街保存着青石板路与清末民初民居，保持"前店后坊"格局，引入文创空间与艺术展厅，活化非遗传承。唐寅祠、文昌阁等古迹散落其间，斑驳的砖雕门楼与老井古树诉说着岁月沧桑。如今的桃花坞大街，既存苏式糕团、茶肆书场等老铺，又融当代艺术展览与手作体验，在"桃坞文脉"与"市井肌理"间平衡传统与现代，成为探访苏州"雅俗共融"文化基因的活态窗口。在这里漫步，可以感受到这条街道所蕴含的浓厚历史氛围和文化底蕴。

唐寅故居位于桃花坞大街，其址原为宋代章粢别业。现存学圃堂、嫮歌斋等建筑，依《桃花庵图》复刻"桃花庵"旧景，展陈其书画诗文。唐寅在此创作《桃花庵歌》，留下"桃花仙人种桃树，又摘桃花换酒钱"的洒脱诗境。故居周邻桃林、碑廊及双荷花池，墓园亦在附近。其"诗画风流"的人文意象，在此凝固为江南文人精神的具象符号。

桃花坞水池与假石山

十全街

位于古城东南，原名"十泉街"，因清代沿街有十口古井得名，后取"十全十美"之雅意更名。其历史可溯至唐宋，明清随织造业兴盛而成街，现为苏州"古今交融"的文化休闲地标，以"玉器工艺"与"潮玩经济"等特质跻身"网红街区"之列。

十全街是一条充满历史韵味和文化底蕴的街道。古时，它是丝绸、茶叶、瓷器等商品的集散地，也是苏州城南部的商业中心；如今，这里成为苏州有名的历史文化街区，既存"苏工苏作"的非遗基因，又注青春活力，成为解码苏州"双面绣"城市气质的窗口。夜游漫步间，吴侬软语与爵士乐共鸣，织就"最江南"的摩登叙事。沿街苏帮菜馆、非遗小吃与网红烘焙店交织，再现"姑苏食肆甲天下"的烟火气。

漫步十全街

打卡处

周庄古镇

位于昆山市西南，四面环水，以"井"字形河道为骨架，14座元明清古桥串联起"小桥流水人家"的江南画卷。肖甸湖、天花荡、太史淀等湖荡相连，河港交叉，境内水网密布，水源丰沛，植被葱郁，是名副其实的"鱼米之乡"，享有"中国第一水乡"的美誉。

古镇核心区 0.47 平方千米内，双桥（世德桥、永安桥）因陈逸飞油画《故乡的回忆》蜚声海内外，桥孔一方一圆，倒影如钥；沈厅为江南巨贾沈万三家族后裔所建，七进五门楼，雕梁画栋，展现"轿从前门进，船自家中过"的水乡宅院奇观；张厅采用"箬泾穿屋"设计，后院小河通舟，尽显"以水为脉"的智慧。另有迷楼、澄虚道院等古迹，青石板巷与临水骑楼延续明清商贸遗风。吴侬软语，阿婆茶香，橹声欸乃，昆曲悠远，尽显"小桥流水人家"的诗意。

周庄以"夜泊"闻名，灯影桨声交织于《四季周庄》实景演出中，活化水乡婚俗、丝竹非遗。其"水巷纵横舟楫往，吴音软语橹声柔"的意境，成为解码江南水乡"天人合一"哲思的活态标本。

周庄古石桥

小桥桨声

张厅备弄下的小河

周庄家家尽枕河

张厅玉燕堂

打卡处

锦溪古镇

位于昆山市西南，距周庄约 10 千米。古称"陈墓"，南宋孝宗因陈妃病逝于此而赐名，后因"溪水如锦"更现名，素有"三十六座桥，七十二只窑"之誉。古镇始建于东汉，兴盛于明清，具有优越的自然环境和独特的人文景观，自古形成"锦溪八景"：锦溪渔唱、陈妃水冢、莲池结社、通神御院、樵楼鼓声、古井风亭、福寿残碑和石音客帆。经高启、沈周、文徵明、祝枝山等文人逸士反复酬唱步韵，增色不少。

古镇以"水巷密布、古桥林立、博物馆群"为特色，核心区 0.8 平方千米内现存古桥 26 座，大多为明清建筑物，被誉为"江南民间桥梁博物馆"。五保湖中央的"陈妃水冢"为南宋遗存，传说陈妃安葬于此，终年湖水不淹；十眼长桥（十孔桥）如长虹卧波，与文昌阁、莲池禅院共构"锦溪八景"诗画意境。古镇沿河廊棚蜿蜒，上塘街、下塘街保留"水陆并行"的商居格局，张省美术馆、宜兴紫砂馆等 10 余座民间博物馆藏身老宅，展陈非遗技艺。

锦溪以"窑文化"闻名，明清"七十二座砖窑"遗址与古窑址公园见证江南传统窑业文化。晨雾中，渔舟轻摇，石板巷内茶馆炊烟袅袅，这样的场景仍延续着"活态水乡"的原真性，影视剧《摇啊摇，摇到外婆桥》皆取景于此。其"桥影湖光隐旧事，馆藏巷陌续文脉"的风貌，堪称解码江南原生态水乡的静谧样本。

莲池禅院

古莲桥

俯瞰文昌阁与莲池禅院

打卡处

同里游船

同里三桥

同里古镇

位于吴江区，历史可上溯至 6000 年前的"崧泽文化"时期，唐代形成市集建镇于宋代。据清嘉庆年间《同里志》记载，同里"唐初名铜里，宋改名同里，旧名富土，因其名太侈，乃拆田加土为同里"，亦寓"同舟共济"之意。古镇核心区 1 平方千米内留存明清建筑 40 余万平方米，以"水港小桥多""人家尽枕河"闻名。

除退思园"贴水筑园"的晚清造园艺术外，古镇以"三桥"（太平、吉利、长庆）为祈福地标，"走三桥"民俗延续至今；明清街商铺林立，崇本堂、嘉荫堂等深宅大院雕花门楼精美，珍珠塔景园再现御史府第的园林盛景。水巷交织着 15 条河道与 49 座石桥，尤以罗星洲观音寺的"水中佛国"意境称奇。

同里位于太湖之滨，京杭大运河畔，以"东方威尼斯"著称，逾百部影视剧在此取景。近年，同里活化"夜同里"灯光秀与非遗手作体验，留存了原住民"枕河而居"的生活肌理。其"醇正水乡、旧时江南"的风貌，成为解码江南古镇"天人合一"营城智慧的活态样本。镇外有同里、南星、叶泽、庞山、九里等五湖环绕，湖荡荷田星罗棋布，脊角高翘的村舍独具地方风格。

同里灯影

三桥夜色

水乡之晨

打卡处

禹迹桥与慈云寺塔

震泽古镇

位于吴江区西南部，与浙江省毗邻，古称"吴头越尾"，是吴江的"西大门"。它处于大运河頔塘河支流，水路交通便利。古镇拥有两千多年历史，是著名的蚕丝之乡，主要景点有师俭堂、慈云寺塔、王锡阐墓、文昌阁、聚蛱阁钱币馆、震泽公园、宝塔街等。

震泽以"蚕丝重镇"闻名，素有"丝绸之府"的美誉。丝业公学旧址、太湖雪蚕桑文化园见证"一根丝"滋养的千年产业，蚕花节、轧蚕花等民俗延续至今。其"水陆并行、古韵悠长"的格局与"活态蚕俗"的非遗传承，是江南"因丝而盛"经济史与运河文化的鲜活样本。

双杨庙会是跨省、跨县的水上盛会，始于清中叶，源于震泽镇东五里许的双杨村（明代称双杨市），每十年举行一次。茶馆例行在大年初一到初三泡元宝茶，即在茶壶盖上放两枚青果（新鲜橄榄），橄榄形似元宝，寓意"招财进宝""喜事成双"。元宝茶是店主给茶客的新年献礼，不另加茶资。橄榄可以嚼食，也可以让堂倌捣碎沏入茶内，其味清冽。饮元宝茶时，老茶客须得略付小账，也算是对堂倌一年伺候的犒赏。双杨庙会、茶楼早会都是震泽的民俗风情。

师俭堂砖雕门楼

锄经园园门

宝塔街券门

光影师俭堂

打卡处

甪直古镇牌坊

甪直古镇

位于吴中区，古称"甫里"，是春秋时期吴王阖闾离宫所在，唐代成镇。因镇东有直港通六处水域，形如神兽"甪端"，故得名"甪直"。古镇以"水巷桥影、唐塑宋韵"闻名，核心区 1.04 平方千米内保存有宋元明清古桥 41 座，为江南"桥都"，被誉为"中国古代桥梁博物馆"。"杏花春雨小巷，梧桐细雨黄昏，小桥流水人家"，甪直古镇亦有"神州水乡第一镇"美誉。

古镇周围有吴淞江、清水江、界浦江、南塘江、东塘江、大直江环绕，又邻近澄湖、独墅湖、金鸡湖、淀山湖、阳澄湖等湖群，故素有"六泽之冲"与"五湖之汀"之称。古镇格局以"三横三纵"河道为脉，临河民居黛瓦粉墙，千米廊棚蜿蜒。万盛米行、沈宅、萧宅等深院雕花门楼精妙，尽显"前店后宅""下店上居"的明清商居风貌。保圣寺为南朝遗存，是首批全国重点文物保护单位；寺内现存 9 尊（原 18 尊）唐代罗汉塑像，传为"塑圣"杨惠之杰作，寺外两株千年古银杏，见证古镇沧桑。

古镇以"三步两桥"为特色，三元桥、万安桥等构成"双桥叠影"奇观。中市街、西汇街石板路旁，苏绣、草编工坊与百年老字号延续市井烟火。近年以"修旧如旧"原则活化街区，叶圣陶纪念馆、王韬纪念馆等名人遗迹串联"吴文化基因"，其"甪直水乡妇女服饰""连厢舞"等非物质文化遗产更添民俗意趣，成为解码江南"活态水乡"的静谧样本。

古镇游船

保圣寺

古镇菜馆

古镇石桥

木渎古镇

位于吴中区，始建于春秋末期，因吴王夫差为西施建馆娃宫"积材三年，连沟塞渎"而得名，迄今逾 2500 年，素有"吴中第一镇""秀绝冠江南"之美誉。古镇依山傍水，胥江、香溪交汇穿镇，形成"水陆并行、河街相邻"的格局，现存明清宅院 30 余处。

木渎以"园林之镇"著称，明清街商铺林立，苏绣、澄泥砚工坊延续非遗技艺，枣泥麻饼、藏书羊肉等美食飘香千年水道。近年以"修旧如旧"原则活化历史街区，夜游项目借光影重现"香溪夜月"诗意。其"文化故径"串联起范仲淹、沈德潜等名士足迹，成为解码江南"镇园同构"营城智慧的活态标本。

严家花园为江南名园，曲廊亭榭移步换景；虹饮山房乃乾隆六下江南时的行宫，御戏台、圣旨馆珍藏着帝王南巡印记；榜眼府第的雕花楼精妙绝伦，砖刻门楼诉说着科举文化。灵岩山麓的馆娃宫遗址、西施琴台等遗迹，勾连起吴越争霸往事。古镇"斜桥分水""姜潭渔火"等旧景，与古松园、明月寺等共同织就山水人文画卷。藏书羊肉、乌米饭、鲃肺汤、枣泥麻饼等美食，都能让您一饱口福。

木渎景区面积 19.43 平方千米，核心景区面积 6.15 平方千米，是一个以山林石景、吴越遗迹为特色的山林古镇型景区。景区规划木渎古镇、灵岩山、天平山、寒山岭、天池花山 5 个景群，含 33 个主要景点。与景区有关的历史名人有夫差、范蠡、西施、白居易、范仲淹、韩世忠、唐寅、文徵明等，木渎古镇是历史上著名的风景游览胜地。

俯瞰灵岩山

严家花园

明式楠木厅尚贤堂

史料陈列

姑苏区得名于苏州古称"姑苏",这一名称源于春秋时期吴王阖闾在姑苏山筑台建城的历史典故。公元前514年,伍子胥奉吴王之命兴建阖闾大城,为苏州建城之始。隋文帝后取姑苏山之名,将"吴郡"改为"苏州","姑苏"之名历代沿用。2012年,苏州市进行行政区划调整,将原平江、沧浪、金阊三区合并设立姑苏区,姑苏区成为全国首个也是目前唯一一个国家历史文化名城保护区,集中保存了古城格局与园林、水巷等文化遗产。姑苏区基本保持着宋代《平江图》中"水陆并行、河街相邻"的双棋盘格局和"小桥流水、粉墙黛瓦、古迹名园"的独特风貌,有"人间天堂"的美誉。

姑苏是吴文化的重要发祥地。平江路、山塘街被评为"国家历史文化名街",沧浪亭、狮子林等8处园林和大运河的5个核心点段被列入《世界文化遗产名录》。现有各级文物保护单位184处,其中国家级24处、省级37处、市级123处;苏州市控制保护建筑254处和古构筑物865处。打卡点多成线,点线交织,密集成面,往往步行百余米,处处流连至忘返。

因为交通便利和区域融合,本章特将姑苏区及周边的虎丘、相城、吴中、吴江等区的邻近景点集中展现,以便游客参观游览。

姑苏名景

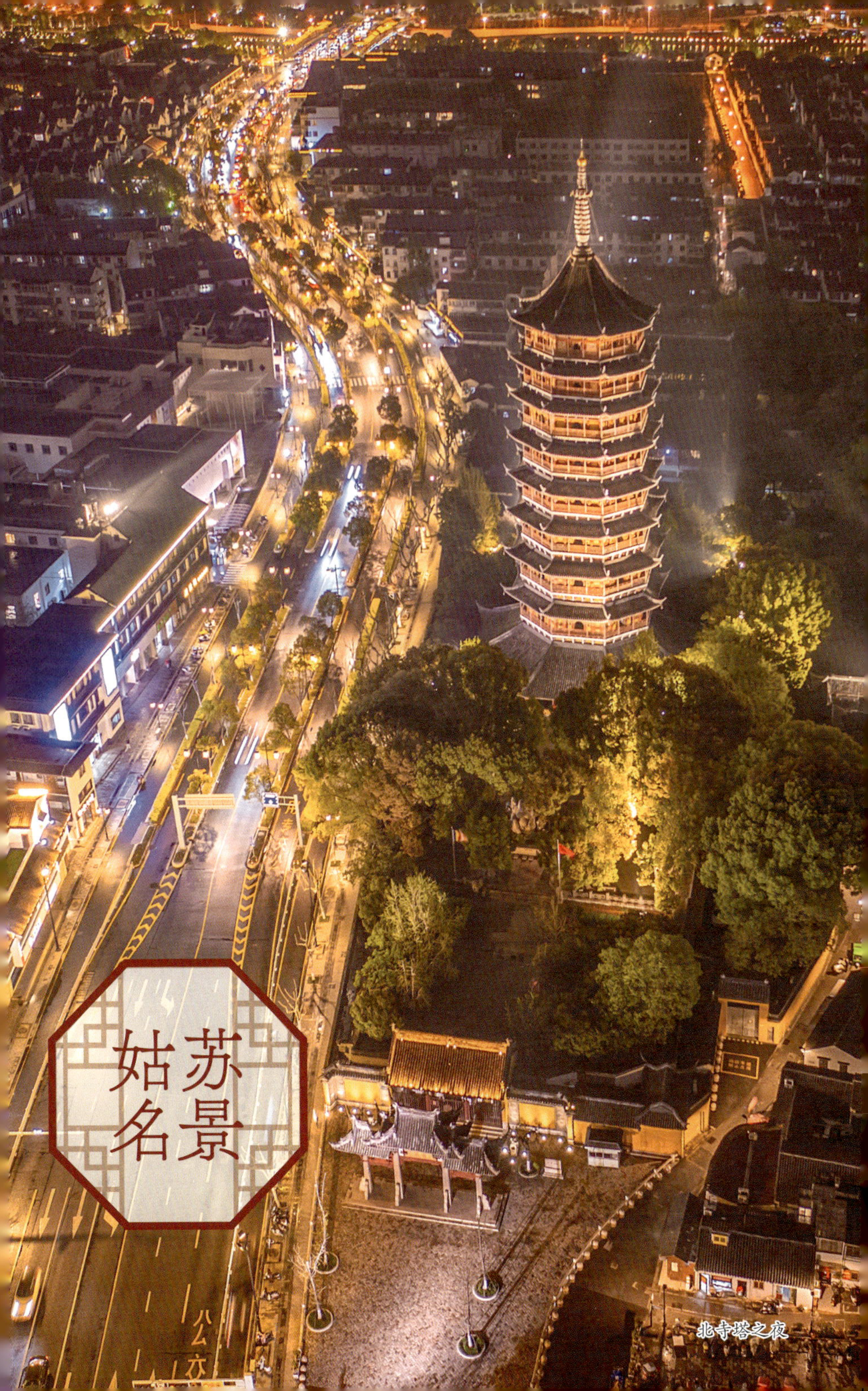

北寺塔之夜

苏州博物馆为建筑大师贝聿铭倾心之作

苏州博物馆

位于姑苏区东北街204号，成立于1960年，馆址原为太平天国忠王府。它是地方综合性博物馆，也是苏州文物收藏、保护、研究、展示、教育的中心。博物馆本馆占地面积约10 700平方米，建筑面积19 000余平方米，加上修葺一新的太平天国忠王府，总建筑面积达26 500平方米。

苏州博物馆是收藏、展示、研究、传播苏州历史、文化、艺术的地方综合性博物馆，共有吴地遗珍、吴塔国宝、吴中风雅、吴门书画四个基本陈列。馆藏藏品总数25 740件/套，其中珍贵文物9742件/套，具体包括一级品222件/套，二级品831件/套，三级品8689件/套。该馆以历年考古出土文物、明清书画和工艺品见长。

苏州博物馆由贝聿铭设计，以现代几何美学重构江南意蕴。建筑融合苏州园林精髓，运用粉墙黛瓦、飞檐漏窗等元素，创新演绎立体山水意境。钢构玻璃顶替代传统木梁，透出禅意光影；六边形天窗切割天光为水墨，白墙作宣纸晕染四季。博物馆建筑与毗邻的拙政园形成时空对话，池面倒映当代线条与传统飞檐轮廓，以"中而新，苏而新"的理念实现建筑与园林、历史与未来的共生。

观众休息空间

馆藏文物陈列（一）

馆藏文物陈列（二）

馆藏文物陈列（三）

忠王府大门

忠王李秀成铜像

忠王府前殿内四界正脊桁太平天国彩绘

忠王府

与拙政园相邻，是清代农民起义政权太平天国忠王李秀成的王府，是太平天国时期留存下来的最完整的建筑物，也是中国历史上遗存下来最完整的农民起义军政权王府。现保存有卧虬堂、古戏台、四合院、鹤轩、走马楼等建筑，以及精美绝伦的龙凤窗格苏式装饰物件。府内苏式彩绘艺术水平高超，国内罕见。

俯瞰忠王府

忠王府戏台

西馆前广场

苏州博物馆西馆

位于高新区长江路 399 号，建筑面积 48 365 平方米，展陈面积 13 391 平方米，展出文物 2100 余件/套，包括吴王余眛剑、碧纸金书《妙法莲华经》、钧窑鼓钉三足洗等珍贵文物。西馆设有通史陈列馆、苏作工艺馆、多媒体展示馆等多个展区，从文化艺术、苏作技艺、苏式生活等多个方面全面展示了吴地的悠久历史和特色工艺。在立足江南文化的基础上，西馆还专设国际合作馆，与世界知名博物馆合作，积极探索世界多元文化的链接与融合。西馆更加注重和突出博物馆教育功能，首次在国内地方综合类博物馆内设置探索体验馆，为青少年观众打造国内首家博物馆学校。

俯瞰苏州博物馆西馆

苏州博物馆西馆内部陈列

狮山文化广场

坐落于高新区狮山核心区域，以"山水人文共生"为理念，巧妙融合自然生态与城市活力。园区依托狮山的天然山体打造，涵盖18万平方米绿地，保留千年古树与历史遗迹，形成山林步道、滨水空间与艺术景观交织的生态网络。核心建筑狮山大剧院以现代设计诠释吴文化精髓，常设非遗展览与当代艺术展演。园内设有亲子乐园、露天剧场及文创市集，定期举办音乐节、灯光秀等文化活动，成为市民休闲娱乐与艺术熏陶的公共客厅。作为苏州的"城市绿心"，狮山文化广场以生态为基底、文化为灵魂，构建起连接传统与未来的活力地标，彰显古城在现代化进程中的诗意栖居智慧。苏州科技馆、苏州狮山大剧院及苏州博物馆西馆主体是文化地标性建筑。

空中俯瞰狮山文化广场

苏州狮山大剧院

苏州科技馆

虎丘山
风景名胜区

位于苏州古城西北 3.5 千米处，景区面积 72.8 公顷，核心景区面积 15.97 公顷，有 2500 多年的悠久历史。

云岩寺塔

　　虎丘又称海涌山，东晋司徒王珣与弟司空王珉于剑池两侧建别墅，后舍宅为寺，名虎丘寺。寺宇沿山而筑，"寺中藏山"为其一大特色。自唐宝历二年（826）白居易修通七里山塘后，游人频增，虎丘成为游览胜地。虎丘头山门前临山塘街，二山门被民间称为断梁殿，殿后甬道两侧有憨憨泉、试剑石、枕石、唐代名妓真娘墓、拥翠山庄等。千人石周围有剑池、第三泉、白莲池、钓月矶、净土桥、二仙亭等。剑池为虎丘最胜处，传吴王阖闾以扁诸之剑三千殉葬其下，故而得名。剑池西南石壁竦峙，下有古泉，唐刘伯刍评其为"天下第三泉"。云岩寺塔，俗称虎丘塔，始建于五代至北宋建隆二年（961），为七层八面仿木结构楼阁式砖塔。

　　虎丘后山有"虎丘后山胜前山"之说，现存青石小桥、石牌坊、湖石假山。

　　主要有剑池、虎丘塔、真娘墓、断梁殿、拥翠山庄、憨憨泉、试剑石、二仙亭、千人石、西溪环翠、万景山庄、头山门、致爽阁、御碑亭、玉兰山房、生公讲台、云在茶香、小武当、孙武子亭、石观音殿遗址、书台松影等景点。

二仙亭

致爽阁

虎丘剑池

江枫古桥

枫桥风景名胜区

位于苏州古城西部，依托古运河而建，是以古运河、江枫古桥、铁铃古关、寒山古寺、枫桥古镇"五古"为特色的省级风景名胜区，占地 14.15 公顷。其中，枫桥和寒山寺是景区两处核心景点，是苏州古城风貌的延续和重要组成部分。

枫桥因唐代诗人张继的一首《枫桥夜泊》而闻名于世，成为与园林并驾齐驱的苏州文化符号。枫桥景区作为世界文化遗产中国大运河上重要的文化景观节点，2019年经过全面改造提升后免费向社会开放，成为全省为数不多的免费开放风景名胜区。

景区内目前有一枝园、吴门戏台、漕运展示馆、枫桥、铁铃关、夜泊处、惊鸿渡等景点 20 余处，其中最为有名的当属枫桥、铁铃关。枫桥，古又作封桥，历史悠久，唐《吴地记》就说"吴门三百九十桥，枫桥其最著者"，历代文人歌咏枫桥的诗篇不胜枚举。枫桥几经战火被毁，现存桥梁为清同治六年（1867）再建的花岗石单孔拱桥，1984 年重修；铁铃关，位于枫桥东堍，又名"枫桥敌楼"，为明嘉靖三十六年（1557）巡按御史尚维持主持建造，是苏州地区现保存最为完整的抗倭历史遗存，亦是"打响解放苏州古城第一枪"的历史发生地。

铁铃古关

打卡处

寒山寺

坐落在苏州古城阊门外枫桥路西端，寺院坐东朝西，门对京杭大运河，古属枫桥镇，今属姑苏区。寒山寺始建于佛教盛行的南朝梁武帝天监年间（502—519），曾因普明禅师归葬枫桥而名妙利普明塔院，唐代更名为寒山寺，宋代更名为普明禅院及枫桥寺，元、明、清、民国至今一直沿用寒山寺寺名。

唐代著名高僧希迁禅师于此创建伽蓝，并题额"寒山寺"。不久，诗人张继于至德年间（756—758）途经寺院，写下了千古绝唱《枫桥夜泊》。此诗意境完美，禅意清远，脍炙人口，一经流传便成唐诗经典，寒山寺因诗名声大振。张继诗中所说之钟"炼冶超精，云雷奇古，波磔飞动，扪之有棱"。然而，此钟早已历劫不存。唐末，普明宝塔被毁。

寒山寺几毁几建。1906 年，江苏巡抚陈夔龙发心修建，终未完成；1910 年，程德全继任巡抚后，重建大殿、后楼、长廊。民国时期，寒山寺身处逆境，香火稀少，寺僧星散。日本入侵苏州期间，寒山寺曾一度沦为日军仓库、马厩。

1949 年后寒山寺得以重生，1955 年整修后首次对外开放；"文革"期间又遭厄运，1978 年重新开放，1980 年被批准为首批全国重点开放寺院之一。改革开放以来，寒山寺古刹逢春，生机勃勃，殿宇辉煌，香火旺盛，钟声诗韵，名扬四海。

寒山寺红木钟

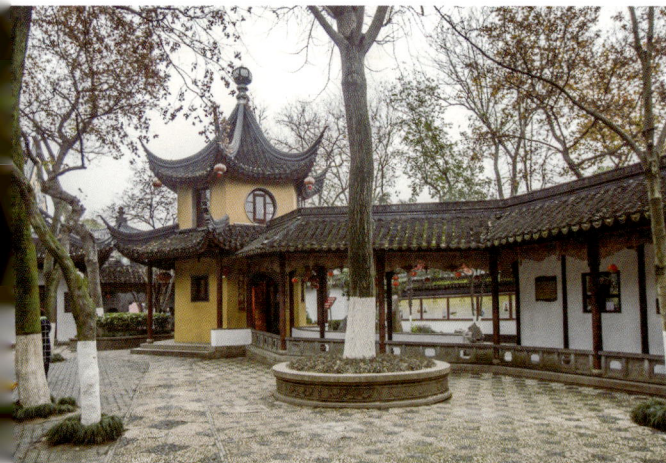

钟楼

大雄宝殿

枫桥夜泊诗碑

盘门

古称"蟠门"，位于姑苏区东大街 49 号。周敬王六年（前 514）吴王阖闾命伍子胥筑春秋吴国都城，盘门为吴都八门之一。因门上曾悬有木制蟠龙，以震慑越国，又因其"水陆相半，沿洄屈曲"，故而得名。

盘门总体布局和建筑结构基本保持元末明初旧观，水陆两门南北交错并列，总平面呈曲尺形，朝向东偏南 10°。盘门是元、明、清三代陆续修建的遗构，是中国唯一保留完整的水陆并列古城门，具有极高的历史文物价值，有"北看长城之雄，南看盘门之秀"的说法。盘门三景包括水陆城门、吴门桥和瑞光寺塔。

盘门三景不仅拥有悠久的历史，更有着浓厚的人文底蕴。游客不妨一路走来，感受古老城门的雄伟，触摸古桥的沧桑，倾听古塔的佛音。这里的每一处风景都是苏州古城的一份厚重底蕴，值得细细品味。

俯瞰盘门与吴门桥

盘门瑞光塔

定慧寺

位于凤凰街定慧寺巷 34号，始建于东汉兴平年间（194—195），原名普济寺，初建于唐咸通年间（860—874），宋朝时称普济禅院，元代改称焦山寺，清康熙南巡游焦山时赐名为"定慧寺"，后几毁几建。

定慧寺规模宏大，明代全盛时期，有殿宇 98 间、僧侣 3000 人，参禅的僧侣达数万人。加上定慧寺两旁还有 18 个庵寺，称"十八房"，故在佛教禅寺中有着显赫地位，是中国古代著名的古刹，曾有"十方丛林""历代祖庭"之称。现存清代山门、天王殿、大殿等建筑，坐北朝南。

定慧寺代有名僧。玄奘大师的弟子法宝来寺创建大雄宝殿，传法相宗；鉴真的弟子神邕也来寺住持，传天台宗；后唐枯木禅师重修大殿，并建枯木堂。抗日战争期间，方丈静严积极抗日，面对日寇酷刑，依然坚贞不屈。

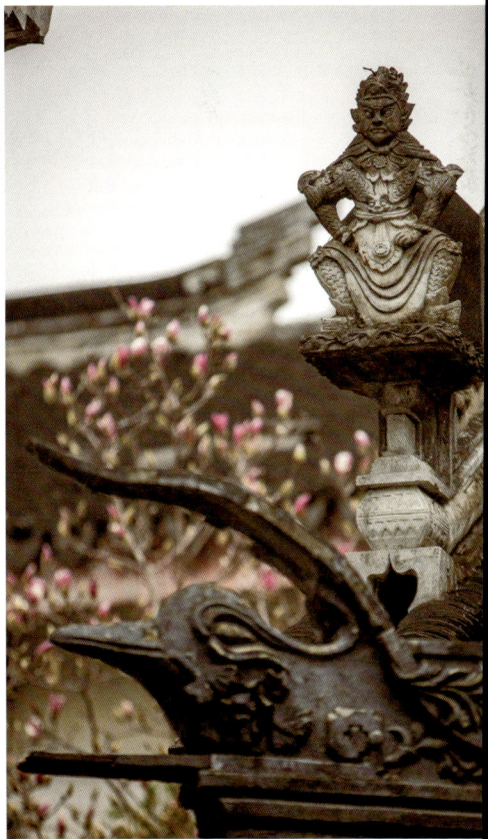

北寺塔

又称"报恩寺塔",位于苏州古城之北人民路 1918 号,是苏州最古老的一座佛寺,距今已有 1700 余年历史,为中国著名的江南古刹之一。始建于三国吴赤乌年间(238—251),相传是孙权母亲吴太夫人舍宅而建,古称"通玄寺"。唐开元年间(713—741)改为"开元寺"。五代后周显德年间(954—959)重建,易名为"报恩寺",它仿佛是一颗保存久远的璀璨明珠。

北寺塔高 76 米,八角九层,雄冠江南。登高可俯瞰全城风光。塔的四周尚存部分明清时期重建的报恩寺殿堂建筑。位于塔东的不染尘观音殿,俗呼楠木观音殿,始建于南宋绍兴二十三年(1153),现存殿宇为明万历年间(1573—1620)重建,是苏州保存最完整的明代建筑。

苏州古建地标北寺塔

水上观音院（空中俯瞰图）形似盛开的莲花

重元寺

位于工业园区阳澄湖半岛，始建于南朝梁天监二年（503），2007年异地重建。寺内水上观音院矗立着国内最大的室内观音像（高33米），大雄宝殿、普济桥等建筑融合唐风与现代美学，以"水天佛国"奇景闻名。寺院集禅修、文化体验于一体，为阳澄湖畔的静心胜境。

俯瞰重元寺大雄宝殿

曲水亭与回峰阁

曲园

位于姑苏区马医科巷，为清末朴学大师俞樾（号曲园居士）故居，建于清同治十三年（1874）。园名取自《道德经》"曲则全"之意，占地仅亩余，布局疏朗，以"春在堂"为核心，缀以"乐知堂""小竹里馆"等书斋，假山曲水隐现文思。俞樾在此著书讲学三十载，著《春在堂全书》四百九十卷，章太炎、吴昌硕皆出其门下。今为全国重点文物保护单位，园内存楹联"生无补乎时，死无关乎数"自述其志，堪称晚清文人精神栖居的微缩样本。

曲园乐知堂

北宋双塔

双塔

位于姑苏区定慧寺巷，建于北宋，为两座七层八角楼阁式砖塔，高约33米，相距仅20米，形制相同，世称"兄弟塔"，是中国现存最古老的近距双塔。塔身简洁无腰檐，檐角悬风铃，塔刹铁铸，塔壁存宋代浮雕与铭文。双塔所在罗汉院正殿已毁，遗存宋代石雕柱础、石栏，其"咫尺双影映禅境"的奇观，堪称宋代建筑艺术瑰宝。双塔并峙千年，是江南宋塔典范，与古寺残殿、古银杏共绘"吴中第一古刹"的沧桑画卷。

砖雕大门

光绪帝题"震国戒幢"牌楼

湖心亭

西园寺

位于阊门外，又名戒幢律寺，始建于元代至元年间（1264—1294），初名"归元寺"，明嘉靖年间（1522—1566）重建为律宗道场。寺院以古木幽深、殿宇庄严闻名，大雄宝殿供奉明代三世佛，五百罗汉堂塑像神态各异，尤以疯僧、济公像传神。西园放生池为江南最大放生池，池中明代所建湖心亭典雅玲珑，曾育稀有斑鼋。寺院融佛教建筑与古典园林于一体，现为全国重点文物保护单位，传承禅净双修之法，香火绵延 700 余年。

巡抚衙门旧址大门

江苏巡抚衙门旧址

位于书院巷，为明清两代江苏巡抚衙署遗存。始建于明宣德年间（1426—1435），现存清同治年间（1862—1874）重建的大堂，及部分明清碑刻，硬山顶官式建筑庄重恢宏。林则徐任巡抚时曾在此整饬吏治、兴修水利，清末改为江苏师范传习所（后为江苏师范学堂）。衙署见证明清江南政治变迁，现为苏州市文物保护单位，堂前古木苍然，廊柱题刻犹存，诉述"封疆大吏治吴中"的六百年风云。

巡抚衙门旧址古建

余秋雨题写馆名

苏州御窑金砖博物馆

位于相城区陆慕御窑遗址，是国内唯一以"御窑金砖"为主题的博物馆。明清两代，此地专为皇家烧造细料方砖，故宫太和殿即用此砖，且因其质细而实，敲之有金石之声，工艺繁复造价昂贵如金，故称"金砖"。馆内完整展示金砖制作技艺的全流程，涵盖采泥、制坯、烧窑等工序，现存明清古窑址群。金砖"一两黄金一块砖"，以"敲之有声，断之无孔"闻名。其技艺已被列入国家级非遗名录，博物馆通过文物、场景复原及互动体验，展现"皇家土木，天下第一砖"的六百年匠心传承。

苏州御窑金砖博物馆展馆与陈列

怡园

始建于清同治十三年（1874），至光绪八年（1882）年建成，为浙江宁绍台道顾文彬集沧浪亭、拙政园等名园精华所筑。园分东西两部，复廊仿自沧浪亭，画舫斋取意拙政园，藕香榭承袭留园。园内湖石峥嵘，曲廊婉转，梅林疏影，竹林滴翠，尤以坡仙琴馆、石听琴室最具文人雅趣。

苏州火车站与平门

位于古城北端。火车站为京沪铁路重要枢纽，站房以"苏式园林"为设计理念，波浪形屋顶与菱形镂空幕墙演绎现代薄壳结构。平门始建于春秋吴国，为阖闾大城八门之一，现存城墙为1986年复建，门楼巍峨，与火车站隔护城河相望。二者以平门桥相连，形成"出站即见古城门"的独特景观，历史遗存与交通动脉在此交汇，演绎"古韵今风"的苏州城市美学。

文庙

位于姑苏区，由范仲淹于北宋景祐二年（1035）创立，为全国首座"庙学合一"的府级文庙，开创了地方官办教育先河。现存棂星门、戟门、大成殿等明清建筑，其中大成殿为明代遗构，重檐庑殿顶的高规格形制彰显对儒家文化的尊崇。文庙也是苏州碑刻博物馆，庙内藏《平江图》《天文图》《地理图》《帝王绍运图》四大宋碑，皆为国家一级文物，尤以南宋《平江图》最为珍贵，为我国现存最早的城市石刻地图。古银杏群秋色鎏金，碑廊集吴中文献、书法碑刻千余通，祭孔礼乐传承有序，这里成为探秘江南文脉、科举制度与古代科技的文化圣地。

天香小筑

位于姑苏区人民路，始建于1912年，重建于1933年。建筑群占地2400平方米，分住宅和园林两部分。现存住宅在西部，坐北朝南三进共四幢单体建筑。建筑具有中西合璧特色，装修兼用琉璃瓦顶、彩色玻璃、花纹地砖与传统的砖细洞门、花窗、挂落、落地罩等。回廊相连，间以二重小院，点缀湖石花木。天香小筑以苏州传统第宅庭园布局为基调，吸收北方建筑风格，同时融合西洋建筑的某些特征。天香小筑保存有众多艺术作品和精致的装饰，在建筑、艺术和文化方面具有重要意义。

远眺天平山

范仲淹名言牌坊

天平山

位于灵岩山北，以"红枫、奇石、清泉"三绝闻名，自唐宋始成胜迹。山体花岗岩风化形成一线天、飞来石等奇观。唐代白居易题"白云泉"，此泉列名吴中第一水。北宋范仲淹高祖葬于此，宋仁宗赐"天平山"之名并敕建忠烈庙。现存明万历年间（1572—1620）栽种的古枫香林，秋日层林尽染，乾隆赐题"高义园"以赞誉范氏家风。山间摩崖石刻存留白居易、范成大等人的题咏，山麓的范仲淹纪念馆弘扬"先忧后乐"精神，融自然奇观与人文史迹于一体。

金鸡湖

位于老城区东北部，是苏州工业园区中心部位的湖泊。金鸡湖南面与独墅湖隔李公堤相望，沿湖岸线大部分在娄葑（斜塘）境域，湖东北部分岸线在唯亭（跨塘）境域。金鸡湖属太湖的支流，水域面积 7.4 平方千米。经考古发掘证实，早在 5000 年前，金鸡湖区域已经有人类活动或居住，金鸡湖东岸的琼姬墩发现了新石器时代人类祭天用的土坛。

金鸡湖景区拥有"苏州中心""东方之门""音乐喷泉""文化艺术中心""月光码头""诚品书店""圆融天幕""国金中心""望湖角""李公堤"十大景观。

苏州文化艺术中心

苏州国际金融中心

桃花岛

璀璨的 苏州之门夜色

苏州金鸡湖全貌

亚洲最大水上摩天轮——苏州之眼

金鸡湖李公堤湖心亭

苏州新华书店

成立于 1949 年，是苏州历史最悠久、规模最大的国有图书发行机构。公司主营图书、期刊等，为市民、院校、党政机关、企事业单位等提供专业服务。它现在拥有观前书城、吴中书城、园区凤凰书城、繁花书城四大中心门店，以及辐射苏州城镇的数十家阅读服务网点。七十余载，以书为舟，载满城市文脉，旗下网点如明珠散落古城内外，年接待读者逾百万。它既是知识殿堂，亦是江南风物的立体注解。多年来，苏州新华书店不断深化门店的服务内涵，提高服务质量，培育文化业态新模式，打造城市文化空间的"苏州样本"，为满足城市文化发展需求、构筑文化强市贡献全部力量。

繁花书城（一）

繁花书城（二）

观前书城（一）

吴中书城

观前书城（二）

观前书城（三）

诚品书店

诚品生活苏州

坐落在湖光旖旎的金鸡湖畔，作为诚品来到大陆的首间旗舰店，以"一座人文阅读、创意探索的美学生活博物馆"为定位，拥有 5.6 万平方米超大空间，打造了一个融合阅读、文创、观光、休闲等于一体的城市文化综合体。全馆引进 200 个精选品牌，从潮流生活、风格美学、创意设计到人文视野，全面关照生活的各个面向。"诚品生活苏州"藏书约 15 万种，逾 50 万册，来自全球 2000 多家出版机构，其中儿童绘本覆盖全球五大洲的出版社，并引进数百个海内外文具礼品品牌；"诚品生活采集"首次引入苏绣、缂丝、苏扇、核雕、桃花坞木刻年画五大传统工艺和民间文创团体，以手作和实演增添游逛中的美好体验；"诚品展演厅"全年不间断地上演艺文活动……

诚品书店入口大厅

诚品书店内景

太湖水域广阔，横跨江浙两省，其中苏州境内的太湖沿岸区域大部分由吴中区管辖，包括东山镇（含东山景区）、金庭镇（含西山景区）、光福镇（含香雪海、司徒庙等）、木渎镇（含穹窿山景区）以及太湖国家旅游度假区（含渔洋山、太湖湖滨湿地等）。苏州太湖景区位于苏州市西南部，依托中国第三大淡水湖——太湖而建，总面积逾300平方千米。这里湖山相映，岛屿星罗棋布，以"太湖七十二峰"著称，其中缥缈峰为太湖第一高峰。景区集自然山水与吴越文化于一体，保留着明月湾、陆巷等明清古村落，以及林屋洞、石公山等地质奇观。春秋时期，吴王夫差曾在此练兵，西山禹王庙、胥口伍子胥遗迹等历史遗存见证了千年沧桑。

此外，太湖部分湖岸线也涉及虎丘区（苏州高新区）和吴江区，但核心景点和主要文旅资源集中在吴中区。近年来，环太湖公路串联起湖畔民宿与农耕体验项目，成为长三角生态文旅胜地，是苏州"山水园林之城"的重要延展。

太湖
经典

苏州西山太湖大桥

三山岛皇家太湖采石场遗址

东山景区

由东山半岛及三山、泽山、巉山、南箭壶、北箭壶、佘山等岛屿组成，与西山景区隔水相峙。东部多幽谷深坞，西部临水，湖光山色，交相辉映；东南围垦区则鱼池毗连，荷荡密布，湖中三山又多奇峰怪石。东山是春秋末年吴越战争的前沿阵地和吴王狩猎游乐之处，今存南望、北望、望越台、演武墩、菱湖、胥王庙、娘娘庙、虎山、鸡山、射鹏山等遗址遗迹。东山素有"花果山"之称，史载唐代已种橘，白沙枇杷、碧螺春茶叶享有盛誉。这里人文荟萃，白居易、陆游、范成大、文徵明、乾隆帝等亦曾到此游历，留有不少诗词；明相王鏊、画家沈周等留下遗迹，今存胥王庙、紫金庵、灵源寺、法海寺、白雪居、莳山禅院及近代园林启园等，紫金庵现为国家级文物保护单位。境内现存大量明清民居古建筑群，其造型、木雕、砖刻、彩绘等各具地方特色。

三山岛旧石器时代文化遗址

启园

位于东山镇太湖畔，是江南唯一一座融湖光山色于一体的古典园林。

建于 1933 年，本是富商席启荪为纪念其祖上在此接驾康熙皇帝而建，俗称"席家花园"，后易主徐介启，遂称"启园"。园内镜湖厅、御码头等建筑依山傍水，借景太湖浩渺烟波，形成"脉接七十二峰，波连三万六千顷"的独特格局。古柳荷塘、曲桥假山错落有致，康熙手植玉兰、柳毅井与杨梅古树并称"启园三宝"，它们集皇家气韵与文人雅趣于一体，尽显太湖园林的灵动之美。

启园美景

紫金庵

位于太湖东山镇，始建于唐代，以南宋民间雕塑大师雷潮夫妇所塑的十六尊彩绘泥塑罗汉闻名。塑像神态逼真、衣褶流转，尤以"慧眼""经盖""华盖"三绝著称，被誉为"天下罗汉两堂半"之一堂。庵内古木参天，明清建筑与唐井、宋桂相映，千年黄杨、金玉兰掩映出禅意。后殿净因堂的清代楠木彩绘"岁寒三友"精妙绝伦，庵外碧螺春茶园环绕，形成"罗汉观山色，茶香沁古庵"的意境。

三山岛

位于太湖东南部，由大山、行山、小姑山组成，为太湖群岛中唯一有居民的岛屿。岛内发现旧石器时代遗址，唐宋后渐成渔耕聚落。板壁峰、十二生肖石等湖蚀奇观分布其间，湿地芦苇、古桥村舍与碧波相映，盛产马眼枣、碧螺春。现存明清建筑 30 余处，清俭堂等古宅保存完整，环岛步道串联生态与人文景观。1984 年发掘的哺乳动物化石证实其史前文明的存在，现为国家级地质公园、传统村落。游客需乘快艇抵达，这里是太湖生态旅游与考古研学的重要目的地。

厚德堂

精美的花窗、雕花木构件与铸铁栏杆

雕花楼回廊

砖雕门楼被誉为"华夏第一砖雕门楼"

东山雕花楼

又称"春在楼",建于 1922 年,为东山富商金锡之宅第,系动用 250 名香山帮工匠,历时三年,耗资约 3741 两黄金建成。春在楼中西合璧,以中为主,主体建筑有照墙、砖雕门楼、前楼、后楼、附房、花园等,楼内木雕 2708 幅、砖雕 289 幅、石雕 86 幅、金雕 611 幅、泥雕(塑)160 幅。春在楼以其"无处不雕、无处不刻"集砖、木、石、金雕刻艺术于一体,而被誉为"江南第一楼"。

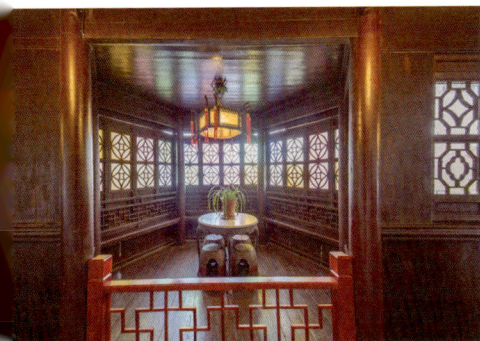

听雨亭

老爷书房牧心轩

古镇渡口

陆巷古村

位于太湖之滨，是江南明清古村落的典范。村内保存着完整的明清建筑群，粉墙黛瓦、雕花门楼错落有致，街巷依山势蜿蜒，尽显"江南建筑活化石"之美。古村曾走出过王鏊等数十位进士，现存解元、会元、探花三牌坊，见证文脉昌盛。古码头、石板路与千年银杏相映成趣，枇杷、杨梅林环抱村落，形成"湖光养文脉，果香沁古宅"的独特意境。

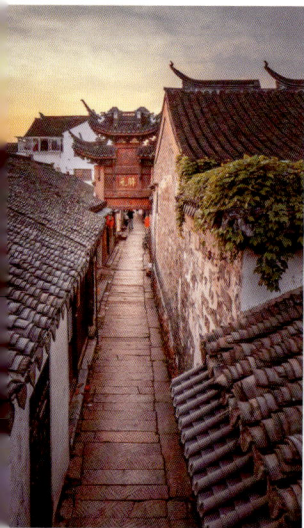

解元牌坊

会元牌坊

探花牌坊

打卡处

夕光洞

西山雕花楼

太湖第一高峰——缥缈峰

西山太湖大桥

西山景区

与东山相距 4 千米。西山是洞庭西山的简称，又称"禹迹山""包山"，是太湖第一大岛。景区包括 24 座小岛，总面积 231.76 平方千米，其中陆地面积 83.64 平方千米，水域面积 148.12 平方千米，核心景区面积 22.66 平方千米。它是以湖岛风光和山乡古村为特色的山水古镇型景区，景区规划了甪里古村、东村古村、缥缈峰、涵村古村、植里古村、东西蔡古村、后埠古村、林屋洞、明月湾、消夏湾 10 个景群，含 28 个主要景点。

西山主岛东西长 15 千米，南北长 11 千米，湖岸线逶迤曲折，长达 50 余千米。岛上 80% 以上是山地，有太湖第一高峰缥缈峰、道教第九洞天林屋洞、太湖石产地石公山，周围又有小岛星罗棋布，构成独特的群岛风光。相传夏禹曾在此治水，吴王夫差携西施在此避暑、赏月、养鹿、养马，今存消夏湾、避暑宫、西施画眉池等遗址。南宋初年，北方贵族大举随宋室南迁，到西山定居，带来了空前的繁荣和深厚的文化底蕴。唐代白居易、王昌龄、皮日休、陆龟蒙、宋代范成大、范仲淹、苏舜钦、张耒，元代赵孟頫，明代王鏊、葛一龙、文徵明、高启等都在此留下了吟咏之作。明清时期，西山外出经商致富的居民返乡建造了大批规模宏大、装饰精美的宅第，形成了许多像明月湾古村那样规划严密、布局合理的古村落，其明清古建筑数量之多、规模之大，可与东山媲美。

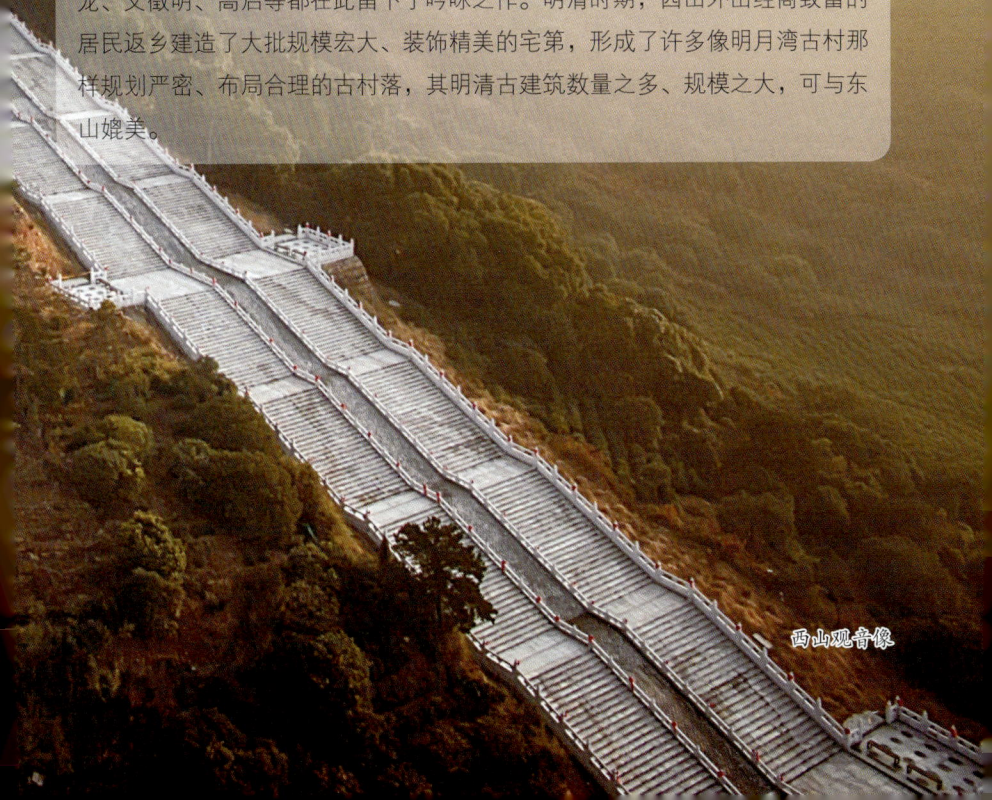

西山观音像

明月湾

相传因春秋时期吴王夫差携西施赏月而得名，现存格局清乾隆年间（1736—1795）的风貌。村口那棵树龄约1200年的古樟如盖，石板铺就的"棋盘街"纵横，明清宅院（如邓家宗祠、黄氏宗祠）黛瓦斑驳，太湖畔古码头遗存延伸入湖，夕阳下"画堤石埠"如诗。其"无典无招、烟火自然"的原生态水乡风貌，堪称解码太湖渔村千年栖居智慧的活态样本。

明清古建筑

千年古樟

花岗古码头

石公山全貌

石公山

位于太湖西山岛东南端，三面环水，因山前有"石公""石婆"两块天然奇石而得名。春秋时期，这里传为吴越相争之地，山体石灰岩经亿万年溶蚀，形成归云洞、夕光洞等喀斯特地貌，一线天、明月坡等奇石峻峭入画。山间翠柏古樟掩映着唐代石公寺遗址，还存有海灯法师 20 世纪 80 年代驻锡练武的遗迹。摩崖石刻存有明清王鏊、沈灏等人的题咏，登顶可览"太湖七十二峰"的缥缈胜景，素有"吴中山水观止处，石公奇秀甲太湖"之誉。

石公寺

一线天

太湖之畔太湖石

三清阁

林屋洞

为道教"天下第九洞天",徐霞客曾考察此洞并记入《徐霞客游记》。洞体平展似龙宫,面积逾 2000 平方米。洞内唐宋摩崖石刻与石笋、石幔并存,传大禹治水获"天书"于此。洞外"曲岩小筑"梅海蔚然,冬春之际,"林屋梅雪"为太湖胜景。其"洞天福地、古韵今辉"之貌,融喀斯特奇观与道教文化于一体,堪称太湖地质与道教文化双遗产之珍。

摩崖石刻

林屋洞

曲径通幽

西山地质博物馆

坐落于太湖西山国家地质公园核心区，以"石语太湖"为理念，建筑采用层叠岩壁造型，与湖光山色相融。馆内通过陨石标本、亿年水蚀岩层及全息影像技术，动态演绎关于太湖成因的陨石撞击假说。馆内特设溶洞穹顶剧场，沉浸式还原地质演变，游客可触摸寒武纪三叶虫化石，操作模拟勘探仪解码湖底断层密码。外墙光影秀夜映湖波，将 12 万年的地质史诗凝于星辰帷幕，成为江南唯一以湖泊地质为主题的科学人文地标。

航拍西山地质博物馆

西山雕花楼

位于西山岛，是清末民初江南地区著名的私家园林之一。园林以其独特的建筑风格和丰富的雕刻艺术闻名，园内的建筑和装饰均充满了浓厚的文化气息。西山雕花楼的建筑风格融合了中西方元素，既有中国传统园林的精致典雅，又不乏西方建筑的华丽与浪漫。园内的雕刻作品更是精美绝伦，无论是木雕、砖雕还是石雕，都展现了近代工匠们的高超技艺和无穷创造力。

包山禅寺

位于西山岛（金庭镇），始建于南朝梁代，为"南朝四百八十寺"之一，清顺治年间（1644—1661）重建。寺院隐于林屋洞旁，四周古木参天，清幽静谧。现存天王殿、大雄宝殿等建筑，寺内千年古银杏、明清碑刻保存完好，藏有清代《大藏经》及历代高僧墨宝。寺名"包山禅寺"取"包孕山水"之意，昔日香火鼎盛，文人墨客常聚此吟咏。梵音绕梁间，可览湖岛禅韵，探寻"林屋晚烟"的西山胜境。

打卡处

光福景区

距苏州古城西 28 千米，景区面积 108.30 平方千米，核心景区面积 8.33 平方千米，是以植物胜景、宗教福地和湖湾渔港为特色的山水古镇型景区。景区规划安山、西崦湖、光福古镇、铜井山、玄墓山、西碛山、冲山 7 个景群，含 15 个主要景点。这里山水萦抱，景物清幽，是太湖山水的精华地区之一。

穹窿山风景区

位于西郊，主峰箬帽峰海拔 341.7 米，为太湖东岸群山之冠，也是苏州市的最高峰。1993 年建立东吴国家森林公园，2006 年设立穹窿山风景管理区，现为国家 5A 级景区——吴中太湖旅游区的重要组成部分。

天池山风景区

位于城区西南 15 千米藏书镇境内，与姑苏名山天平山、灵岩山一脉相连。因半山坞中有天池，故而得名。天池山上的石室，是苏州西部低山丘陵地区所有石室中保存最为完整的。天池山北竹坞有明代文震孟墓，1957 年被列为江苏省文物保护单位。此外，还有市级文物保护单位——清代冯桂芬墓和明代南京右都御史毛珵墓。宋代张廷杰曾居此地，"以山宜就隐，乃营墓立宅，改名就隐山"。山南石壁镌刻着明代赵宧光书写的"华山鸟道"四个大字，鸟道下为始建于晋代的华山翠岩寺。天池山中多泉，寺前有清心泉、寒枯泉；寺旁山上有直径半米多的圆形山泉，名为"钵盂泉"；还有水声如捣的"地雷泉"、掬之可盈的"盈盈泉"及"天池第一泉"。

石湖景区

位于苏州市南郊，距苏州古城约 4.6 千米，具有江南地区少有的"一面青山，三面环水"的秀丽景观，被称为"吴中胜境"。作为国家级太湖风景名胜区 13 个景区之一，石湖景区是集春秋吴越遗迹与江南田园山水风光为一体的山水型景区。景区面积 26.15 平方千米，核心景区面积 9.97 平方千米。整个景区划分为上方山、石湖、滨湖、上金湾、钱家坞、吴山、七子山等 7 个景群。石湖核心游览区域——石湖景群和上方山景群，由石湖水系、横山山系及湖山之间的山坞、滨湖地带组成。地形、地貌景观及文化遗址保存完整，至今仍保留着吴城、越城、郊台、蠡岛等吴越古迹遗址。石湖水面面积约为 2.56 平方千米，原为太湖一内湾，因越人进兵，凿山脚之石以通苏州而得名。宋代隐居石湖的范成大于人曰："凡游吴中而不至石湖，不登行春，则与未始游者无异。"清高宗乾隆皇帝六下江南而六临石湖，赞曰："佳丽江山到处同，惟有石湖乃称最。"

鼋岛观鱼

"潇洒出尘"石牌坊

惬意观湖

春意石湖

远眺楞伽塔

上方山国家森林公园

具有得天独厚的自然资源和旅游条件。它以吴越遗迹和江南水乡田园风光见长，拥有丰富的自然山水和人文历史资源，是集生态、游览、休闲、科普等功能为一体的旅游景区。景区植物种类繁多，有89科、300多种，花果满园，植被茂密，林木葱郁。公园内有名胜景点楞伽塔、乾隆御道、治平寺、石湖草堂、石佛寺、范成大祠、越公井等20余处。景区内既有2500多年历史的吴越遗迹可寻，又有帝王将相、文人墨客的雅事可觅。其中多处被列为省、市级文物保护单位，是人们休闲游览、访古探幽的绝佳去处。

上方山金光大佛

打卡处

太湖金庭胜画图

苏州太湖大道立交

东太湖苏州湾阅湖台

苏州华谊兄弟电影世界

苏州代管常熟、昆山、太仓、张家港四个县级市。

常熟市以"十里青山半入城，七溪流水皆通海"的独特格局著称。虞山国家森林公园为城市绿心，串联起尚湖生态湿地与古城文脉。沙家浜芦苇荡风景区再现抗战传奇，兼具红色教育与水乡风情；兴福寺禅意绵延千年，荤油面清香远播；方塔园、燕园等明清园林承袭宋元遗韵，尽显"江南福地，常来常熟"的隽永魅力。

昆山市以"百戏之祖"昆曲发源地、江南水乡典范与经济强市闻名。千年古镇周庄被誉为"中国第一水乡"；锦溪"三十六座桥，七十二只窑"，古莲池与博物馆群文脉交织；千灯古镇存顾炎武故居、延福禅寺，石板街绵延至秦峰塔下，彰显"江南文化"的活态传承与创新活力。

太仓市是郑和七下西洋的起锚地，海运堤复刻古港盛景，天妃宫静诉航海传奇。南园、弇山堂再现明清园林雅致，太仓博物馆藏有的元代四足铜甗见证了"天下第一码头"的辉煌。金仓湖德国风情小镇与生态公园碰撞出异国情调，江海河三鲜与糟油美食唤醒味蕾记忆。

张家港市位于长江下游南岸，以"港口名城"与"文明之都"闻名。双山岛生态绿洲鹭鸟翩跹，香山梅花如雪，岳飞驻兵传说流传千年。东山村遗址为长江下游最早的史前聚落，黄泗浦遗址系唐代海上丝绸之路节点、鉴真东渡启航地。它融"江涛古韵、港城新景"于一体，成就了生态与人文交织的度假胜地。

县市精华

昆山生态湿地公园

恬庄古镇

位于张家港凤凰镇，始建于明末，为江南科举文化名镇。主街现存 500 米明清石板道，两侧河埠民居错落，榜眼府（清代杨岱宅邸）、杨氏孝坊等古建保存完好，碑苑集历代名家石刻于一体。老街延续豆腐坊、铁匠铺等传统业态，凤凰豆腐干、拖炉饼风味独特。古镇未过度开发，游客罕至，巷陌清幽，古桥卧波，于无声处尽显"恬静如诗"的隐逸水乡原貌，是苏州北部探秘明清市井文化的静谧遗珠。

沙溪古镇

位于太仓市，有"千年古镇·诗意水乡"之誉，形成于唐代，明清时期商贸鼎盛。戚浦河穿镇而过，两岸明清风格临水民居绵延，河埠石阶错落，古桥横卧，如戚浦河上的庵桥、义兴桥。老街巷"一河二街三桥"格局完整，明清街店铺林立，龚氏雕花厅等宅邸雕工精美。古镇静谧，商业化程度低，可乘摇橹船听江南丝竹，尝猪油米花糖、草头塌饼，于连环画博物馆、促织馆寻旧时趣味，尽显"素淡如诗"的原生态水乡风情。

郑和公园

位于太仓港口开发区，占地面积 122 公顷。整个公园的建筑风格以还原郑和船队远洋的历史文化为主，并融入现代设计理念，再现了郑和率领当时世界上规模最大、技术最先进的船队七下西洋的壮举。它是太仓市的第一座主题公园，是一个"多元一体化""体验式"的新型综合性滨江公园。

公园内最醒目、最具有纪念意义的景点是郑和纪念馆，它以郑和精神为核心，从不同视角展示郑和航海文化，突出反映郑和七下西洋的起锚地——太仓的特色。该馆采用了国内领先的声光电技术，通过展示效果与互动体验完美结合，让游客身临其境地感受郑和长达近三十年的下西洋之旅。

浏河古镇

位于长江出海口，有"江尾海头"之说，古称"娄河""刘家港""刘家河""刘河"，民国时期改称"浏河"，已有 1800 年历史。早在元代，它就已享有"六国码头"之誉，也是明代航海家郑和下西洋的起锚之地。浏河古镇以漕漕河为轴线，左侧为中心北街，右侧为河西街，由南向北依次有老浮桥、水带桥、中津桥、茹经桥、永安桥和明德桥六座桥梁相通，交通便利，商贸繁荣，人杰地灵，人文荟萃。

翁同龢故居
彩衣堂

位于常熟市，为晚清帝师、政治家翁同龢祖宅主厅，始建于明末。堂名典出"彩衣娱亲"，彰显孝道家风。其梁枋满绘明代苏式彩画，以青绿为底色，云鹤、锦袱纹样繁丽，沥粉贴金工艺精湛，被誉为"江南包袱锦彩画孤例"。建筑采用五架抬梁式结构，楠木柱础浑厚，雕饰雅致，集官式风骨与文人意趣于一体，现为全国重点文物保护单位，是研究明清彩画艺术与江南士绅宅邸的珍贵遗存。

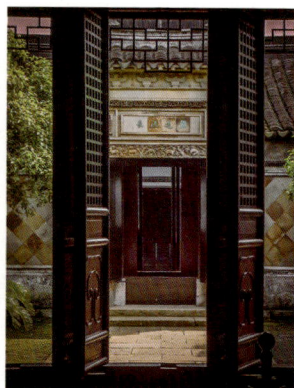

沙家浜

位于常熟市，以抗战时期"芦荡火种"故事闻名，为京剧《沙家浜》原型地。景区内千亩芦苇荡纵横如迷宫，湿地生态与红色文化交融，设有革命历史纪念馆、实景剧演出。春来茶馆还原阿庆嫂智斗场景，水上泛舟可赏鹭鸟翩跹、荷塘野趣。老街保留江南水乡格局，游客能在蟹舫品尝阳澄湖大闸蟹，秋冬尤盛。沙家浜集爱国主义教育、生态观光、民俗体验于一体，为全国红色旅游经典景区，展现着"芦花放稻谷香"的诗意烽火记忆。

沙家浜春来茶馆

尚湖

位于常熟城西，因姜太公（吕尚）曾隐居垂钓而得名。湖面万亩，与虞山构成"十里青山半入城，万亩碧波涌西门"的山水画卷。荷香洲夏日红莲接天，水上森林鹭鸟翩跹，牡丹园春日万株牡丹国色倾城。设姜太公文化园、拂水山庄等景点，融湿地生态、吴地文化于一体。秋有金秋灯会，冬可观芦雪候鸟，湖中划船、骑行绿道皆宜。尚湖是长三角地区的"城市绿肺"，尽展江南诗意栖居的生态人文之美。

虞山

位于常熟市区西北，海拔263米，为吴文化发祥地之一，因商周虞仲（仲雍）归葬于此而得名。山体绵延6.5千米，森林覆盖率达96%，集奇石（如剑门）、幽涧（如破龙涧）、古刹（如兴福寺）、名墓（如仲雍、言子墓）于一体。虞山派古琴、画派发源于此，钱谦益墓、藏海寺沉淀文脉。登顶可瞰尚湖烟波与古城全景，山麓茶园产虞山绿茶，山道串联起人文遗迹与自然野趣，虞山是"七溪流水皆通海，十里青山半入城"的诗意写照。

虞山古城墙

巴城老街

坐落在巴城镇中心地段，街道由石板铺设而成，因狭长而逼仄，有"一线天"之称。街道两旁的清末民初古建筑傍水而立，呈现出秀丽的江南水乡风貌，电视剧《北上》中经典核心场景花街小院的取景地正是巴城老街。近年来，巴城老街以打造"昆曲小镇"为旅游发展总体定位，推进各项昆曲特色文旅项目建设，引进名人工作室，建设巴城历史文化展示中心，打造河南街昆曲主题商业一条街。这座江南小镇历经 2500 多年的悠悠岁月，仍旧清雅婉约，漫步其间，能让人感受到浓浓的人间烟火气。

巴解园

毗邻阳澄湖，以纪念"敢为天下先食蟹"的勇士巴解而命名。园内矗立着青铜巴解像，铭刻着其破蟹害的传说。核心区"巴解蟹园"融合湿地生态与蟹文化，设科普展馆、观景栈道。秋日芦花似雪，蟹舫林立，可品膏满黄肥的阳澄湖大闸蟹。园中荷塘、竹林、曲桥错落，再现江南水乡野趣，每年螃蟹节更添盛况。巴解园以"第一食蟹"精神为魂，集旅游、休闲、养生、购物等功能于一体，成为探秘蟹文化与湖滨风光的独特地标。

苏州是美食之都，苏州美食承袭苏帮菜精髓，以"清鲜雅致、时令为魂"闻名，兼容江南水乡的温婉与文人雅趣。传统名菜讲究刀工火候，松鼠鳜鱼酸甜酥香，形如松鼠；响油鳝糊热油激香，鳝丝滑嫩；蜜汁火方咸甜交融，彰显火腿醇香。四季更迭中，春季酱汁肉、夏季清风三虾、秋季阳澄湖大闸蟹、冬季藏书羊肉，演绎"不时不食"的饮食哲学。

苏式汤面汤清味醇，碧螺春茶香沁人心脾。街头巷尾的臭灶面汤浓面细，哑巴生煎皮脆汁鲜，鸡头米糖水清糯弹牙，皆成为市井烟火中的味觉记忆。苏式糕点更显匠心，玫瑰馅酒酿饼、薄荷方糕、枣泥拉糕配碧螺春，暗合园林移步换景之趣。

观前街的黄天源、采芝斋等百年老号传承非遗技艺，山塘街、双塔市集则将传统与新派融合，使苏州美食成为解读江南文化的一把味觉密钥。

美食特产

阳澄湖大闸蟹养殖基地

周庄万三蹄

袜底酥

昆山熝鸡

阿婆菜

红汤爆鱼面

三味圆

图 片 来 源: 万 三 食 品 有 限 公 司

打卡处

阳澄湖大闸蟹

多年来深受各地游客喜爱，其以青背、白肚、金爪、黄毛为佳。每到秋季，肥美鲜嫩的大闸蟹就成了餐桌上的宠儿。巴城镇作为"中国阳澄湖大闸蟹之乡"，现有大闸蟹养殖基地 3.225 万亩，大闸蟹产业园区养殖面积达 3 万亩。近年来，为全力守护好这一金字招牌，巴城镇围绕"设施好、生态好、品质好、信誉好、底蕴好"的"五好蟹"理念，全面升级阳澄湖大闸蟹信用管理平台，对大闸蟹养殖进行全流程监管，确保产地大闸蟹"五好蟹"品质得到保障。2023 年，农业农村部办公厅、财政部办公厅联合印发《关于公布首批国家农业产业强镇名单的通知》，巴城镇（大闸蟹）成功入选。2023 年第二批全国名特优新农产品名录公布，"巴城大闸蟹"再获国字号认证。

苏州阊门夜色

还有遗漏的景点和美食，以及苏州特色吗？请您补充！

打卡处

还有更多的打卡点，等待着您的发现！

耦园花窗与玉兰

园林紫藤

东方之门

山塘街

金鸡湖摩天轮乐园

耦园

同里嘉荫堂

静思书院

石公山

留园

如果您还想更加深入地了解城市文化，
就请扫我吧！

打卡处

打卡处

打卡处

打卡处

打卡处

打卡处

打卡处

打卡处